1. ASPECTOS INTRODUTÓRIOS

A Segurança Pública de cada um dos Estados da Federação, bem como do Distrito Federal e dos Territórios, vem sendo pauta de uma busca implacável para que se conquiste a tão almejada paz social. Entretanto, é certo que a violência no país vem tendo constante crescimento nas mais diversas modalidades de delitos, se destacando, nesse aumento, os que versam sobre crimes contra o patrimônio.

Este crescente aumento da violência local está intimamente ligado ao momento sociocultural que o País vive, marcado principalmente pela falta de acesso aos recursos básicos necessários ao bom desenvolvimento do ser humano, tal qual o precário Sistema Único de Saúde - SUS, sistema educacional e, no âmbito cultural, o manifesto preconceito que acomete as forças policiais, marginalizando determinados grupos da sociedade[1].

Com o mencionado crescimento da violência, principalmente nas grandes cidades, resta evidente o necessário investimento nos aparatos policiais, qualquer que seja sua atuação, Judiciária e/ou Preventiva.

---

[1] A população carcerária do Brasil chegou ao número de 622.202 presos, dos quais 61,6% são negros (pretos e pardos). É o que aponta o Levantamento Nacional de Informações Penitenciárias (Infopen), que traz dados de dezembro de 2014. (Carta Capital, <http://www.cartacapital.com.br/sociedade/mais-de-60-dos-presos-no-brasil-sao-negros>, acessado em 22.10.16, às 17:59).

Ante a preocupante situação da Segurança Pública, 8 (oito) Propostas de Emenda à Constituição foram apresentadas, primeiramente pugnando pela unificação das forças policiais e, posteriormente, com vistas à criação do chamado Ciclo Completo de Polícia (CCP).

Em razão da similaridade dos temas, todas as Propostas restaram apensadas à PEC 430/09, considerada a "PEC-Mãe".

Dentre as mais diversas propostas, passaremos a analisar a necessidade ou não da aplicação das sobreditas propostas. Principalmente, abordando a necessidade ou não da unificação da Polícia Militar e da Polícia Judiciária, bem como a possibilidade acerca da implementação do chamado Ciclo Completo de Polícia.

Sobre o assunto, a Federação Nacional de Entidades de Oficiais Militares Estaduais assim define o CCP:

> "Ciclo Completo de Polícia consiste na atuação plena das instituições policiais, isto é, atuar na prevenção, na repressão e na investigação. Esse é o modelo adotado na Europa, América do Norte e América do Sul, enfim, com exceção de três Países no mundo: Brasil, República de Cabo Verde e

República Guiné-Bissau, todos os outros adotam o ciclo completo para as suas polícias".

Já o Instituto Brasileiro de Ciências Criminais, no Edital do ano de 2009, assim classificou o CCP:

> "Atualmente, a tibieza do legislador e a indiferença ministerial e judicial têm alimentado as corporações militares estaduais, com o objetivo de implantar o denominado "ciclo completo de polícia". Busca-se reunir as tarefas do policiamento ostensivo com funções próprias de investigação criminal, concentrando-as numa única instituição policial. Tal modelo, vale dizer, o rompimento da partição de atribuições — e a salutar fiscalização mútua dela decorrente — entre as agências estatais civis e as militares, estas detentoras da força e da missão da segurança pública".

Em que pese as premissas teóricas anteriormente apontadas, que, esclarecemos, servem como catalizador contextual, forçoso a observação de que este trabalho não se presta a discutir a possibilidade de aplicação do Ciclo Completo de Polícia no âmbito das Instituições Militares, mas sim as consequências advindas desta prática e da possível desmilitarização da força policial com sua consequente unificação.

Desta forma, deverá ser analisada a posição histórica das Polícias no Brasil, desde a criação da Força Pública, sua militarização, comparando-as no decorrer de todas as Constituições que já vigoraram em território nacional. Incluindo-se, ainda, uma breve análise sobre o período ditatorial e a festejada promulgação da Constituição Cidadã de 1988.

2. OS ÓRGÃOS DE POLÍCIA NOS TERMOS DO ART. 144,CF.

Os órgãos relacionados à Segurança Pública encontram-se dispostos no artigo 144 da Constituição Federal.

Senão vejamos:

A divisão inicia-se com a Polícia Federal, órgão permanente instituído por Lei, organizado e mantido pela União e estruturado em carreira, destinando-se, prioritariamente, a apurar infrações penais contra a ordem política e social, bem como infrações em detrimento de bens, serviços e interesses da União ou de suas entidades autárquicas e empresas públicas.

Dentre os principais ilícitos que estão a cargo da Polícia Judiciária da União, pode-se destacar a prevenção e repressão ao tráfico ilícito de entorpecentes, bem como o delito de contrabando e descaminho.

Cumpre destacar, também, que a Polícia Judiciária da União exerce, exclusivamente, as funções de Polícia Marítima (sem prejuízo da realizada pela Marinha de Guerra), Polícia Aeroportuária e de fronteiras.

Sendo, portanto, a única incumbida a exercer o *mister* de Polícia da União. Sua competência, salvo casos específicos, se iguala as atribuições da Justiça Federal, tudo nos termos do artigo 109 da CF[2].

---

[2] Art. 109. Aos juízes federais compete processar e julgar:

I - as causas em que a União, entidade autárquica ou empresa pública federal forem interessadas na condição de autoras, rés, assistentes ou oponentes, exceto as de falência, as de acidentes de trabalho e as sujeitas à Justiça Eleitoral e à Justiça do Trabalho;

II - as causas entre Estado estrangeiro ou organismo internacional e Município ou pessoa domiciliada ou residente no País;

III - as causas fundadas em tratado ou contrato da União com Estado estrangeiro ou organismo internacional;

IV - os crimes políticos e as infrações penais praticadas em detrimento de bens, serviços ou interesse da União ou de suas entidades autárquicas ou empresas públicas, excluídas as contravenções e ressalvada a competência da Justiça Militar e da Justiça Eleitoral;

V - os crimes previstos em tratado ou convenção internacional, quando, iniciada a execução no País, o resultado tenha ou devesse ter ocorrido no estrangeiro, ou reciprocamente;

V-A as causas relativas a direitos humanos a que se refere o § 5º deste artigo; (Incluído pela Emenda Constitucional nº 45, de 2004)

VI - os crimes contra a organização do trabalho e, nos casos determinados por lei, contra o sistema financeiro e a ordem econômico-financeira;

VII - os *habeas corpus*, em matéria criminal de sua competência ou quando o constrangimento provier de autoridade cujos atos não estejam diretamente sujeitos a outra jurisdição;

Em seguida, é classificada a Polícia Rodoviária Federal (PRF), que apesar da similar nomenclatura, em nada se assemelha com a Policial Federal, possuindo atribuições completamente diversas. A PRF, sob os ditames do Decreto nº 1.655/95[3] e do Código de Trânsito Brasileiro, tem como sua principal atribuição o exercício do Policiamento de Trânsito.

Desta feita, a PRF é o órgão responsável pela fiscalização de aproximadamente 61 mil quilômetros de malha federal, monitorando e prevenindo não somente a ocorrência de crimes, mas também infrações administrativas, tais quais a embriaguez ao volante, condições dos veículos que por lá trafegam, existência ou não de multas, restrições de rodagem entre outros.

Ainda no âmbito Federal, o inciso terceiro do artigo 144 da Constituição Federal/88 prevê a existência do órgão que exerceria o poder de Polícia junto a malha ferroviária nacional, qual seja a Polícia Ferroviária Federal (PFF).

VIII - os mandados de segurança e os *habeas data* contra ato de autoridade federal, excetuados os casos de competência dos tribunais federais;
IX - os crimes cometidos a bordo de navios ou aeronaves, ressalvada a competência da Justiça Militar;
X - os crimes de ingresso ou permanência irregular de estrangeiro, a execução de carta rogatória, após o "exequatur", e de sentença estrangeira, após a homologação, as causas referentes à nacionalidade, inclusive a respectiva opção, e à naturalização;
XI - a disputa sobre direitos indígenas.
[3]

A origem desta força policial se dá nos idos de 1852, quando o então Imperador Dom Pedro II, instituiu a chamada, à época, Polícia dos Caminhos de Ferro, a qual detinha a atribuição de garantir a segurança das *riquezas* brasileiras que eram transportadas pela malha ferroviária, ou como o próprio nome denuncia, pelos trilhos de ferro.

É considerada a primeira força policial especializada do País.

Nos dias atuais, apesar de sua inegável importância, a Polícia Ferroviária Federal encontra-se completamente sucateada, assim, os servidores concursados de outros órgãos são oportunamente cedidos à PFF.

Não obstante, com a crescente privatização das malhas ferroviárias, seu efetivo vem sendo gradualmente substituído por seguranças contratados por empresas privadas, e, aos poucos, abandonando seu *múnus* público.

De outra toada, o Legislador ao elaborar o inciso IV do artigo 144, houve por bem prever a manutenção das chamadas Polícias Civis que, diferentemente das demais forças já mencionadas, possui competência Estadual e não Federal.

Desta feita, cada Estado da Federação e seu Distrito Federal possui seu próprio órgão de Polícia Civil, sendo este o único competente para exercer a função de Polícia Judiciária em maneira geral, excetuando-se, conforme já mencionado, os crimes de interesse da União.

Sua denominação remete, naturalmente, as características de sua organização, qual seja, de natureza Civil e não Militar. Com isso, apesar de ostentar os princípios da hierarquia em seu organograma funcional, não possui o condão de aplicar diretrizes militares, como por exemplo a prisão disciplinar.

Por fim, o Legislador pátrio inicia a caracterização das Polícias Militares e Corpo de Bombeiros Militares.

Pois bem, as Policias Militares, como seu próprio nome diz, são órgãos de Policiamento Preventivo e regidos sob a égide Militar, que ostenta como pilares básicos a Hierarquia e a Disciplina.

Dentre as várias divisões da Polícia Militar, podemos destacar o Patrulhamento ostensivo, grupamentos de ações especiais, Policiamento Rodoviário e, em determinados estados, o Corpo de Bombeiros.

Este último, responsável pelo combate ao fogo, busca e salvamento, atende também as demais solicitações da comunidade em geral. Sua instituição varia de estado para estado, sendo que em determinadas Unidades Federativas possui independência funcional da Polícia Militar e em outros integra apenas uma via especializada da PM, como é o caso do estado de São Paulo.

Sob qualquer ótica e independente da ramificação sob análise, a Polícia Militar como um todo, em razão de sua característica militar, é considerada pela Carta Cidadã como força auxiliar do Exército Brasileiro.

Portanto, conforme restou demonstrado, a Segurança Pública encontra-se dividida, por força do art. 144, CF, em diversas ramificações especializadas.

3. SEGURANÇA PÚBLICA – CONSTITUCIONALIZAÇÃO DO TEMA

A Segurança Pública, conforme se demonstrará a seguir, sempre foi tema recorrente em todas as Constituições que já vigoraram no País.

Nos idos de 1824, a Constituição Política do Império do "Brazil"[4] possuía 179 artigos, divididos em inúmeros dispositivos e oito títulos. Sendo, em seu artigo 102, estabelecido que cabia ao

---

[4] Utiliza-se esta grafia tendo em vista ser a correta à época.

Imperador, através de seus Ministros, prover o necessário a Segurança Interna e Externa do Estado.

Pois bem, é certo que a inaugural Constituição do Império do "Brazil" de 1824 de forma alguma priorizou o que concerne à Segurança Pública, deixando como seu único legado, a garantia da Liberdade, da segurança individual e da propriedade.

Nesse sentido, com o passar dos anos, em 1891 foi promulgada a primeira Constituição da República, ano em que o então Marechal, Deodoro da Fonseca, fora eleito Presidente da República pela Assembleia Constituinte.

É certo que sua redação, ao contrário da Imperialista, se revelava extremamente diminuta, o que não significa que tenha deixado de abordar importantes temas, como em seu artigo 6º[5], quando trouxe à baila maior preocupação com relação à Segurança Pública no Estado, prevendo, inclusive, dispositivo no qual conferia poderes a União para que, mediante requisição destes, intervisse nos Estados para reestabelecer a ordem e a tranquilidade.

---

[5] Art.6º - O Governo federal não poderá intervir em negocios peculiares aos Estados, salvo:
I - para repelir invasão estrangeira, ou de um Estado em outro;
II - para assegurar a integridade nacional e o respeito aos seguintes principios constitucionaes: [...]

Pois bem, considerando seu grande avanço em relação a Constituição antecessora, a CR de 1891 manteve assegurada a liberdade, a segurança individual e coletiva, acrescentando-se, ainda, o legítimo direito de reunir-se sem armas e, de forma inovadora, passou a conferir ao órgão policial o poder de atuar, se for necessário, para garantia da ordem pública.

Com o passar dos anos, entrava em vigor a Constituição da República de 1934, a qual caracterizou-se por ser fruto de um governo provisório, sendo a de menor duração na história brasileira, uma vez que se viu revogada em 1935, ocasião em que Getúlio Vargas – eleito indiretamente – suspendia suas garantias através do decreto de "Estado de Sítio"[6].

Em seguida, entrava em vigor a Constituição de 1937, a qual possui grande peso político, uma vez que ao ser promulgada, não foi submetida ao crivo de uma Assembleia Constituinte.

Conforme consta dos livros históricos, a Carta da República de 1937 foi redigida por apenas uma só pessoa, o então Ministro da Justiça Francisco Campos, que elaborou sua redação a fim de sustentar o regime ditatorial que ora se iniciava-se.

---

[6] O estado de defesa é decretado para preservar ou restabelecer, em locais restritos e determinados, a ordem pública ou a paz social ameaçadas por grave e iminente instabilidade institucional ou atingidas por calamidades de grandes proporções na natureza, já o estado de sítio é decretado quando estado de defesa não resolveu o problema, quando o problema atinge todo o país, ou em casos de guerra.

Nessa esteira, o então Presidente Getúlio Vargas procurou convencer muitos políticos da necessidade do golpe, alardeando que já havia sido articulado o chamado "Plano Cohen"[7]: o qual trazia a ameaça de um golpe comunista (como o que foi tentado em 1935[8]).

O principal articulador dessa "negociação" com outros políticos foi o deputado Negrão de Lima, aliado de Vargas. Com isso, ao mesmo tempo que procurava neutralizar os comunistas, bem como os tenentistas e outras linhas de expressão iminentemente revolucionárias, Vargas propôs aos integralistas, liderados por Plínio Salgado, que a ditadura do Estado Novo seria amplamente favorável aos ideais do integralismo. Nesse momento, Vargas chegou a conceder a Francisco Campos que mostrasse a Plínio Salgado parte do texto da Constituição.

Nesse contexto histórico, moldava-se a estrutura de uma segurança pública arvorada na garantia da Ordem Pública e Social

---

[7] Documento divulgado pelo governo brasileiro em setembro de 1937, atribuído à Internacional Comunista, contendo um suposto plano para a tomada do poder pelos comunistas. Anos mais tarde, ficaria comprovado que o documento foi forjado com a intenção de justificar a instauração da ditadura do Estado Novo, em novembro de 1937.

[8] A Intentona Comunista, também conhecida como "Revolta Vermelha de 35" e "Levante Comunista" foi uma tentativa de golpe contra o governo de Getúlio Vargas, realizado em 23 de novembro de 1935, pelo Partido Comunista do Brasil (PCB, que viria a se desmembrar em PCB e PCdoB). O movimento tinha como objetivo, derrubar o atual presidente e assumir o poder no país. O grupo organizador era composto por Luís Carlos Prestes, chefe e líder, e sua mulher Olga Benário, além de Rodolfo Ghioldi, Arthur Ernest Ewert e Ranieri Gonzáles.

não só pela Força Pública/Polícia Militar, mas como também pelas Forças Armadas, em especial o Exército de Caxias.

Passados quase uma década, em meio a queda de Getúlio Vargas, fora promulgada a CF de 1946, a qual, no que se refere a Segurança Pública, não trouxe grandes inovações.

Sobre o assunto, colacionamos lição da professora Thaís Battibugli, que discorreu sobre a matéria de maneira invulgar:

> "Em São Paulo, as principais instituições policiais paulistas da época eram: a Polícia Civil (PC), a Força Pública (FP) e a Guarda Civil (GCM). A Polícia Civil possuía maiores competências em relação às outras corporações no período analisado e o delegado era a principal autoridade policial a coordenar as tarefas de policiamento também das demais corporações.
>
> As instituições policiais eram formalmente subordinadas à Secretaria de Segurança Pública (SSP), mas cada qual tinha um sistema administrativo e operacional próprio, o que diminuía o poder da secretaria sobre as mesmas.
>
> A Secretaria de Segurança Pública tinha, entretanto, importantes mecanismos de regulação formal das instituições policiais, como: editar

portarias, sugerir a reestruturação das carreiras, organizar o policiamento e os plantões policiais. A alteração de vencimentos, novas contratações eram realizadas após legislação aprovada pelo legislativo estadual. A SSP ainda propunha ao governo a adoção de medidas de combate à criminalidade, modernização da polícia e melhoria dos vencimentos através de comissões criadas para a elaboração de anteprojetos de lei e, ainda, remetia anualmente ao governador relatório detalhado sobre as atividades policiais".[9]

Ressalte-se que fora nesse ponto a mudança da antiga denominação Força Pública para a atual Polícia Militar.

Ato contínuo, com o aumento dos poderes e da importância das Polícias Militares, houve o advento da Constituição da República Federativa de 1967, que surgiu em meio a passagem do Governo Castelo Branco ao Governo Costa e Silva, período nebuloso em que vigoravam os chamados *anos de chumbo*[10], nos quais predominavam o autoritarismo e arbítrio político.

---

[9] BATTIBUGLI, Thaís. Polícia, Democracia e Política em São Paulo (1946-1964). São Paulo: Humanitas/Fapesp, 2010.
[10] O Período Ditatorial Brasileiro também ficou conhecido como os *anos de chumbo*.

Durante sua vigência, a Segurança Pública estatal nunca fora tão valorizada pelo Estado. Uma vez que, o aparato policial era largamente utilizado para repressão à oposição política.

Importante ressaltar que, durante sua vigência, os órgãos de Polícia não foram os únicos instrumentos utilizados, pois, nessa oportunidade, as FFAA, em especial o Exército Brasileiro, foram incumbidas de garantir a Segurança Pública.

Desta feita, para garantir que os interesses do Estado fossem atendidos, a Polícia Militar foi extremamente reorganizada e valorizada, mantendo-a, contudo, sempre como força auxiliar do Exército Brasileiro. Ocorre que, com vistas ao conturbado momento em que o País passava, se viu como medida de urgência o aumento do efetivo policial-militar, sendo que, desta forma, as Guardas Civis foram extintas e seus membros incorporados as fileiras da PM, que passaram, a partir daquele momento, a ser a única força policial destinada ao patrulhamento ostensivo das cidades, sempre sob coordenação das FFAA – no caso do Estado de São Paulo, da 2ª Região Militar.

Em 1967, com o advento da Inspetoria-Geral das Polícias Militares e do Ministério do Exército (IGPM)[11], passaram a estar a seu cargo todas as normas reguladoras da organização policial, treinamentos, manuais, procedimentos operacionais padrão,

---

[11] Criada por força do Decreto-Lei nº 317, de 13 de março de 1967, e Decreto-Lei nº 667, de 2 de junho de 1969.

currículos das academias de polícia militar, entre outras determinações de caráter decisivo para formação dos milicianos.

Ao passo em que a IGPM vinha moldado a única força de segurança ostensiva, foi promulgada a intitulada Lei de Segurança Nacional[12] que visava, aos olhos do Governo, a garantia da Lei e da Ordem em todo território nacional. Dentre seus diversos artigos, a LSN previa aos que nela eram incursos, que fossem levados a julgamento por um Tribunal Militar[13].

Importante ressaltar, que no período de 1964 a 1969, durante o regime militar brasileiro, foram elaborados atos e decretos – chamados de Atos Institucionais – que visavam garantir a plena autoridade das Forças Governamentais.

Desta forma, para melhor efetivar o uso das forças policiais, em dezembro de 1968, foi promulgado o mais notório deles, o chamado Ato-Institucional n° 5 (AI-5)[14], que concentrava ao Governo poderes de caráter quase absolutos.

---

[12] Instituída pelo Decreto-Lei n° 314, de 13 de março de 1967.

[13] Os tribunais de primeira instância da Justiça Militar da União são chamados de Auditorias Militares. Atualmente, há 19 Auditorias Militares em todo o país, organizadas geograficamente em 12 Circunscrições Judiciárias Militares. Existe também uma Auditoria de Correição, sediada em Brasília, onde atua o juiz-auditor corregedor. A Auditoria de Correição é um órgão de fiscalização e orientação, jurídica e administrativa, com jurisdição em todo o território nacional.

[14] O AI-5 foi promulgado sob a argumentação de que: "o Governo da República, responsável pela execução daqueles objetivos e pela ordem e segurança internas, não só não pode permitir que pessoas ou grupos anti-revolucionários contra ela

Diante o exposto, é certo que a Constituição de 1967 e seus Atos Institucionais, foram peça determinante para os moldes da Segurança Pública à época.

Finalmente, em 5 de outubro de 1988, foi promulgada a Constituição Federal de 1988, a qual encontra-se em vigor até os dias atuais, no corpo de seu texto, estabeleceu-se um pacote de direitos essenciais à manutenção do Estado Democrático de Direito, da dignidade da pessoa humana, das liberdades e garantias individuais, dentre outros pressupostos, erigidos à condição de direitos fundamentais.

Nesta esteira, o direito a segurança e ao poder de polícia titulado pelo Estado, aparecem como dois dos fundamentos da República Federativa do Brasil, constituída como um Estado Democrático de Direito, conforme insculpido no artigo 5º e 6º, *caput* da Carta Magna de 1988. O respeito aos direitos e garantias brota, assim, como centro de gravidade da nova ordem jurídica, diferenciando o esqueleto constitucional, adotando a concepção de Estado de Direito embasado na constitucionalidade.

---

trabalhem, tramem ou ajam, sob pena de estar faltando a compromissos que assumiu com o povo brasileiro, bem como porque o Poder Revolucionário, ao editar o Ato Institucional nº 2, afirmou, categoricamente, que "não se disse que a Revolução foi, mas que é e continuará" e, portanto, o processo revolucionário em desenvolvimento não pode ser detido;".

Desta premissa, surge a possibilidade de a Administração Pública valer-se do poder coercitivo da Polícia para preservação destes direitos e, indiretamente, para a preservação do próprio Estado. Uma vez que toda a produção legislativa, sua interpretação e aplicação têm como referencial a Constituição e o ser humano como centro e fim do direito[15].

Desta forma, o aspecto Segurança Pública é largamente abordado no texto constitucional de 1988, sendo certo, que o Legislador houve por bem dispô-la como dever do Estado, direito e responsabilidade de todos, sendo exercida para a preservação da ordem pública e da incolumidade pública e do patrimônio, através dos órgãos declinados no artigo 144 da Carta da República de 1988.

4. POLÍCIA MILITAR DO ESTADO DE SÃO PAULO – FUNÇÃO E ESTRUTURA

A Polícia Militar do Estado de São Paulo, foi constituída pelo Decreto-Lei nº 217, de 8 de abril de 1970, o qual determinou que sua composição fosse integrada por elementos da Força Pública do Estado e da Guarda Civil de São Paulo, subordinando-a administrativa e funcionalmente a Secretaria de Segurança Pública

---

[15] KONCIKOSKI, Marcos Antonio. Princípio da proporcionalidade. In: Âmbito Jurídico, Rio Grande, XV, n. 96, jan 2012. Disponível em: <http://www.ambitojuridico.com.br/site/?n_link=revista_artigos_leitura&artigo_id =11050&revista_caderno=9>. Acesso em: 24.10.16, às 09h57.

(SSP), sendo a responsável pelo patrulhamento ostensivo e preventivo da sociedade.

Conforme já mencionado, os integrantes da Força Pública do Estado e da Guarda Civil de São Paulo foram integrados as fileiras da Polícia Militar do Estado de São Paulo, mantendo, para todos os efeitos, os mesmos postos e graduações que detinham na força anterior.

Desta feita, houve a regulamentação das Unidades Administrativas que viriam a compor a Força Bandeirante, qual seja: Comando e Administração, Tropa de Policiamento e Guarda, Serviços Auxiliares, órgãos de Ensino e Serviços de Bombeiros.

Importante considerar, que ao contrário de outras Unidades Federativas, o Corpo de Bombeiros no Estado de São Paulo possui caráter militar, sendo apenas uma das ramificações da Polícia Militar nesse Estado.

Conforme já mencionado, apesar de ostentar caráter militar, a PMSP é considerada força auxiliar do Exército Brasileiro, sendo este caráter patente no parágrafo único do artigo 10 do mencionado decreto, quando o Legislador determina que além das atribuições inerentes ao Policiamento ostensivo, cabe a PMSP atender à convocação do Governo Federal, em caso de guerra externa ou para prevenir ou reprimir grave subversão da ordem ou ameaça de sua irrupção, subordinando-a ao Comando da Região Militar para emprego em atribuições específicas de polícia e de guarda territorial.[16]

4.1. A FORMAÇÃO POLICIAL-MILITAR

Sabidamente, a formação policial-militar possui dois pilares básicos, a Hierarquia e a Disciplina.

Desta feita, sabe-se que a formação do Policial Militar, em São Paulo realizada pela Academia de Polícia Militar do Barro Branco no caso de Oficiais e pela Escola de Soldados da Polícia Militar no caso de Praças, segue preceitos fortemente hierarquizados em ambas as Casas de formação.

No Estado de São Paulo, o ingresso na carreira policial-militar é realizado por meio de certame público, exigindo o 2º Grau completo para ambas as carreiras. Com relação ao Oficialato, a sua conclusão possui caráter de graduação em ensino superior, especificamente na modalidade de Bacharelado em Ciências Policiais de Segurança e Ordem Pública. A conclusão do curso de formação destinado aos Praças não possui habilitação reconhecida pelo Ministério da Educação.

---

[16] O agrupamento de Regiões Militares, no âmbito do Exército Brasileiro, é chamado de Comando Militar, no Estado de São Paulo o Comando é realizado pelo Comando Militar do Sudeste (CMSE), a qual administra, inclusive, a 2ª Região Militar – Região das Bandeiras.

Durante a formação do PM, são instituídos valores militares ligados ao respeito a Hierarquia, a Disciplina, a Valentia e a Coragem, além, é claro, do necessário Treinamento Físico Militar.

Ressalte-se, que está insculpido no artigo 214 da CF, a elaboração do plano nacional de educação, o qual desaguou, por meio do Ministério da Educação, na Lei de Diretrizes e Bases (LDB) a qual, em seu artigo 83, prevê que o ensino militar será regulado por legislação específica, admitida a equivalência de estudos, de acordo com as normas fixadas pelos sistemas de ensino.

No que tange ao Estado de São Paulo, o Sistema de Ensino da PMSP é regido pela Lei Complementar nº 1.036/2008, que, de forma brilhante, enumera não só o lado principiológico do ensino, mas também regula as competências e atribuições desse Sistema.

Na contramão de todos os avanços realizados pelo Departamento de Ensino das Polícias Militares é que surge a Proposta de Emenda à Constituição de nº430/09, que tem como alicerce a desmilitarização das Polícias Militares e do Corpo de Bombeiros Militar, bem como a criação da nova "Polícia do Estado e do Distrito Federal e Territórios".

4.2. A FORMAÇÃO DO PM E DO SOLDADO DO EXÉRCITO

A Proposta de Emenda à Constituição nº 430/09 prevê *novel* redação ao art. 144 da Constituição Federal, *in verbis*:

> [...]
>
> § 4º. A Polícia dos Estados e do Distrito Federal e Territórios, instituída por lei como órgão único em cada ente federativo, permanente, essencial à Justiça, de atividade integrada de prevenção e repressão à infração penal, de natureza civil, organizada com base na hierarquia e disciplina e estruturada em carreiras, destina-se, privativamente, ressalvada a competência da União, à:
>
> I – preservação da ordem pública;
>
> II – exercer a atividade de polícia ostensiva e preventiva;
>
> III – exercer a atividade de investigação criminal e de polícia judiciária,
>
> ressalvada a competência da União e as exceções previstas em lei.
>
> [...]

Defendendo a desmilitarização, o Professor Túlio Vianna[17], catedrático da Universidade Federal de Minas Gerais, assim destacou:

"Antes da ditadura militar, existiam polícias Militar e Civil, mas a Civil também desempenhava papel ostensivo. Foi com a ditadura que as atribuições da Polícia Civil foram se esvaziando e a Militar tomou para si toda a parte ostensiva. [...]

As forças armadas são treinadas para combater o inimigo externo, para matar inimigos. Treinar a polícia assim é inadequado, pois o policial deve respeitar direitos, bem como deve ser julgado como um cidadão comum e não por uma Justiça Militar".

E, nesse sentido é o senso comum e de tantos outros estudiosos do tema, de que a formação militar afasta o policial da sociedade, induzindo-o a violência e arbitrariedades.

Não obstante o notório conhecimento do indigitado mestre, tal assertiva não é de toda correta. Em que pese a Polícia Militar tenha treinamento para atuação ostensiva, este treinamento em nada se assemelha àqueles realizados nas principais escolas das Forças

---

[17] "O papel da polícia: entenda o que é a desmilitarização da polícia, Portal Empresa Brasileira de Comunicação", disponível em <http://www.ebc.com.br/cidadania/2013/07/entenda-o-que-e-a-desmilitarizacao-da-policia>, acessado em 21.10.16, às 15h06.

Armadas (Academia Militar das Agulhas Negras, Academia da Força Aérea e Escolas de Marinha de Guerra), sendo, em verdade, aplicado ao Policial Militar um adestramento inerente a rigidez militar, porém extremamente humanizado.

Como se sabe, o treinamento é realizado pelas Forças Armadas visa a atuação em situações de Guerra externa, defronte a outros Exércitos e não junto aos delitos inerentes as cidades com maior índice de violência, sendo, inapropriado, que seu treinamento fosse aplicado às forças de segurança.

Malgrado o entendimento do Ilmo. Professor, como já exaustivamente demonstrado, a formação do militar que integra as Forças Armadas do Brasil (FFAA) tem por atividade-fim uma atuação extremamente diferente do Policial Militar.

Conforme nos ensina o General de Exército Adriano Pereira Júnior, Comandante da Força de Ocupação do Complexo do Alemão na Cidade do Rio de Janeiro[18]:

> "O Policial Militar e o Militar das Forças Armadas possuem diferentes regimes e destinações, o Policial Militar será Policial Militar por uma vida toda, em tem uma vida como PM; Já o Soldado das

---

[18] Entrevista ao Programa "Canal Livre" da Rede Bandeirantes de Televisão.

FFAA, quando empregado em operações da Garantia da Lei e da Ordem, ele tem um tempo para ficar lá. Desta forma, ele pode ser mais exigido, uma vez que o regulamento das FFAA permite isso. Uma vez que seu treinamento é para o emprego em situações de Guerra, durante as 24 horas do dia, com isso, quando empregados na Garantia da Lei e da Ordem podem ser exigidos da mesma forma. Não é possível exigir do PM – que não é aquartelado como o Militar das FFAA – o mesmo que se exige do Soldado das FFAA. O Policial Militar será PM pelo resto da vida e terá um contínuo desgaste, o Soldado das FFAA terá uma atuação momentânea".

Justamente por esse motivo, é que o militar das Forças Armadas só deve ser empenhado ao combate civil – visando reestabelecer a ordem pública – em situações excepcionalíssimas, tal qual ocorreu recentemente na Cidade do Rio de Janeiro/RJ[19].

5. DA NECESSÁRIA MILITARIZAÇÃO

---

[19] Tropas da Marinha, do Exército e da Aeronáutica ocupam ruas do Rio. Disponível em < http://oglobo.globo.com/rio/tropas-da-marinha-do-exercito-da-aeronautica-ocupam-ruas-do-rio-19774978>. Acesso em: 12.10.16, às 13:38.

Sabemos que o Sistema de Ensino Militar se distancia, e muito, das formas de educação praticadas pelo meio civil. O que não quer dizer que uma determinada forma de ensino seja melhor ou pior que a outra.

Ocorre, entretanto, que a formação militar é extremamente necessária para o futuro PM.

De rigor, que o patrulheiro tenha condições psicológicas de agir sob comando em situações que coloquem sua própria vida em risco, uma vez que, se porventura o PM não estiver devidamente adestrado para seguir determinações, poderá, em um momento de desespero, colocar não só a sua própria vida em risco, mas como também de toda a equipe que estará em sua contingência.

Para que esse objetivo seja atingido, a formação do PM é constituída por duas características únicas, senão vejamos:

A primeira, temos o regime de internato a que são submetidos os alunos matriculados em escolas de formação policial-militar, necessário a ambientação ao meio castrense.

A segunda, temos por base a necessária rusticidade militar, necessária para que o militar não se deixe ser levado por emoções em situações que exigem atuação imediata.

Importante ressaltar, que apesar da rigorosa formação militar, o PM é continuamente submetido a instruções de Direitos Humanos e imerso em valores relacionados ao respeito ao cidadão.

À exemplo, durante os 4 (quatro) anos necessários a formação de um Oficial da Polícia Militar do Estado de São Paulo, apesar do necessário ensino militar, sua formação técnica conta com 6.243 horas, dividas não somente na área Técnico-Policial , mas também Jurídica, Conhecimentos Gerais e Direitos Humanos.

Portanto, resta evidente que apesar do necessário ensino da rusticidade militar, a Escola de Formação de Oficiais pretende declarar como Aspirante-a-oficial profissionais altamente capacitados em sua formação técnica e extremamente adestrados para que mantenham a calma e cumpram o quanto previsto nos procedimentos operacionais da Polícia Militar, situação igual ocorre nas escolas de formação de Praças.

Apesar do alto investimento realizado na formação do Policial Militar, o policiamento ostensivo tem como característica o primeiro contato com a população e ocorrências existentes, sendo, portanto, seja ele civil ou militar, maior a possibilidade de ocorrerem arbitrariedades praticadas por seus agentes.

Nesse sentido, segundo pesquisa realizada pelo Instituto DataFolha, 62% dos moradores de cidades com mais de 100 mil habitantes temem se tornarem vítimas de violência por parte da Polícia Militar. Dentre estes, cerca 25% admitem sentir "muito medo" da PM[20].

Partindo desta premissa, o policiamento ostensivo (realizado pela PM) carece de medidas que diminuam a possibilidade de desvios de conduta por parte de seus agentes.

Nessa esteira, surge a necessidade da militarização da Polícia Militar, uma vez que, somente desta forma, será possível a aplicação do Código Penal Militar e do Regulamento Disciplinar da Polícia Militar, o qual permite, entre outras medidas, a prisão disciplinar de qualquer militar que esteja incurso em transgressão disciplinar e/ou crime, sem que haja prévia instauração de procedimento administrativo e/ou inquérito policial militar[21].

Esta possibilidade se mostra um verdadeiro "freio" aos abusos porventura praticados.

Sendo, portanto, imprescindível, a aplicação deste binômio (formação com excelência e possibilidade de coerção imediata) para que o Policiamento ostensivo seja eficaz em sua função.

[20] http://exame.abril.com.br/brasil/datafolha-62-dos-brasileiros-tem-medo-de-agressoes-da-pm/

[21] Vale lembrar, ainda, que nos termos do art. 142, §2º, não caberá *habeas corpus* em relação a punições disciplinares militares.

Sob esta ótica, é certo que o caráter civil da nova "Polícia do Estado e DFT" fará com que este binômio deixe existir, uma vez que, apesar da plena formação do policial, qualquer desvio de conduta ensejaria apenas a instauração de Procedimento Administrativo Disciplinar[22], o que incentivaria, de sobremaneira, a sensação de impunidade perante todos os que integram a força do Estado.

6. A UNIFICAÇÃO DAS POLÍCIAS

Outra grande mudança que fora proposta no texto da PEC 430/09, refere-se à unificação das forças policiais, respeitando-se o cargo e hierarquia existentes na força extinta.

Tal possibilidade, de plano, se mostra inaplicável.

O modelo atual de policiamento brasileiro é regido, a despeito da divisão da competência federal, estadual e municipal, de forma a preservar duas carreiras policiais para cada corporação.

No âmbito da Polícia Militar, temos a carreira do Oficial da Polícia Militar, com promoção vertical, que se inicia no posto de Aspirante-a-Oficial e encerra-se no posto de Coronel. Bem como,

---

[22] Se o fato não caracterizar crime.

temos a carreira referente ao Quadro de Praças da Polícia Militar – QPPM, que se inicia na graduação de Soldado e se encerra na de Sub-Tenente, ambas as carreiras são tem seu ingresso mediante certame público.

Vale lembrar, que por meio do Curso de Habilitação ao Quadro Auxiliar de Oficiais da Polícia Militar de São Paulo – CHQAOPM, o Praça poderá ascender ao Oficialato.

E, no âmbito da Polícia Civil, sua constituição segue o padrão de promoções horizontais, iniciando-se na "3ª Classe" do cargo ao qual o cidadão tomou posse e se encerrando no quadro de policiais "Classe Especial". Ocorrendo ainda, no que tange a hierarquia, uma única divisão entre Delegados de Polícia e demais policiais.

Portanto, resta evidente que a unificação das forças se mostra uma medida impensada e que não surtirá eficácia, tendo em vista as características extremamente distintas de ambas as carreiras. O que causará, sem sombra de dúvidas, uma divisão "extraoficial" na nova Polícia do Estado.

De outra toada, é necessário reiterar que a unificação das Polícias faria com que, lamentavelmente, o policiamento especializado deixasse de existir.

Tanto a Polícia Militar quanto a Polícia Civil possuem casas de formação especializadas aos seus ramos de atuação e, acaso se deixem unificar, deixaremos de investir em um policiamento especializado para se formar policiais generalistas, sem a necessária *expertise*.

Atualmente, é necessário se buscar a plena integração entre as forças militares e de Polícia Judiciária, ocasionando, assim, a plenitude no desempenho de suas funções, qual seja, a PM realizar o policiamento ostensivo e preventivo e a Polícia Judiciária realizar o procedimento investigativo.

Malgrado a iniciativa legislativa que pretende solucionar a falha de comunicação entre duas instituições solidas extinguindo-as.

7. APENSOS À PEC 430/09 E O CICLO COMPLETO DE POLÍCIA

A Constituição da República de 1988, ao tratar dos órgãos de Segurança Pública, conforme já demonstrado, houve por bem destinar cada Polícia para um fim específico, qual seja a de Polícia Judiciária – responsável pela apuração de infrações penais – e a de Polícia Militar responsável pela preservação da Ordem Pública. Sendo desta forma, cada força especializada em seu determinado ramo.

Pois bem, diante deste cenário, existem diversas PECs, várias delas apensadas à Proposta de Emenda Constitucional 430/09, que visam a implementação do chamado Ciclo Completo de Polícia. Ou seja, permitir a qualquer policial, que detenha as atribuições de Polícia Judiciária e de manutenção da Ordem Pública.

Antes, porém de adentrar ao mérito, é necessário esclarecer que, apesar de serem objeto de PECs que tramitam de forma apensada, o Ciclo Completo de Polícia e a unificação das forças policiais, em nossa ótica, são incompatíveis entre si. Uma vez que, no primeiro, dar-se-ia poder a qualquer Policial para que realizasse as ações inerentes ao Policiamento ostensivo, bem como os procedimentos de Polícia Judiciária e, no segundo caso, ocorreria a unificação das forças policiais estaduais, desaguando em uma única corporação – que, obviamente, iria realizar tanto a atividade ostensiva e preventiva quanto de polícia judiciária.

Como se pode observar, o Ciclo Completo de Polícia tem por escopo permitir ao Policial que primeiro tomar conhecimento da ocorrência que proceda seu acompanhamento até o deslinde do feito, permitindo, ainda, que qualquer força policial proceda o patrulhamento ostensivo e preventivo, lavre autos de prisão em flagrante, conduza presos às carceragens, valore provas, entre outros.

Tal proposta não merece prosperar.

Por certo que o Legislador ao redigir os termos do art. 144, CF, preocupou-se em conferir o policiamento ostensivo e preventivo à Polícia Militar, PRF e GCM e, as atividades de Polícia Judiciária à Polícia Civil e ao Departamento de Polícia Federal, visando, desta forma, evitar o acúmulo de atribuições a uma só corporação, evitando, ainda, a ocorrência de possível arbítrio estatal.

Como restará demonstrado, a principal preocupação relacionada ao CCP refere-se a sua implementação junto aos órgãos de Polícia Militar.

Em que pese a formação ímpar que é dedicada ao Policial Militar, nenhum de seus membros ostenta o conhecimento jurídico necessário as atividades de Polícia Judiciária.

É impensável que o Policial Militar, ostentando apenas noções de direito, possa livremente lavrar prisões em flagrante, formar sua convicção acerca da existência de um delito ou não e até mesmo representar pela prisão preventiva e/ou temporária de investigados.

Nesse sentido, pontua o Dr. Rafael Vitola Brodbeck, Delegado de Polícia em Piratini, Rio Grande do Sul[23]:

---

[23] https://tercalivre.com/2015/11/10/delegado-broadbeck-ciclo-completo/

"A duplicidade policial, com duas corporações, uma militar e outra civil, é algo que está enraizado em nossa tradição jurídica. Vem de Dom João VI, foi continuado por Dom Pedro I e consolidado por Dom Pedro II, e nem a república, que fez mudanças radicais no Direito pátrio, ousou nela mexer. Uma mudança drástica, dando poderes investigativos à Polícia Militar, que não é dirigida por um profissional integrante de carreira jurídica, ainda que alguns de seus oficiais tenham graduação em Direito, ou unificando as duas corporações, é uma imprudência enorme".

E continua, com particular brilhantismo, a Autoridade Policial,

"Evidentemente que algo precisa mudar na política de combate ao crime brasileira. Todavia, não se trata de mexer nas polícias. Que, nos Estados, continue a Polícia Militar, a fazer o que lhe compete: manutenção da ordem e policiamento ostensivo, fardado, para evitar o crime; e a Polícia Civil a investigar com exclusividade os crimes estaduais, servindo como polícia judiciária. Sem que a PC faça as vezes de PM e sem a PM usurpar missões da PC. A modificação esperada e necessária não é na estrutura policial. Nem o ciclo completo de polícia com manutenção de ambas as corporações e nem a unificação das polícias são as modificações adequadas. O que se espera é uma mudança nas leis penais, processuais penais e de execução penal".

Pois bem, resta cristalino que, se por um lado a desmilitarização da Polícia Militar será um erro que poderá ocasionar consequências severas à Segurança Pública, por outro, a implantação do Ciclo Completo de Polícia irá esvaziar as competências específicas de cada órgão policial, permitindo, ainda, a ocorrência de arbitrariedades e a execução de procedimentos inerentes a carreira jurídica por pessoa que não habilitada.

Desta feita, resta evidentemente demonstrada a completa ineficácia da desmilitarização da Polícia Militar, bem como da implantação do Ciclo Completo de Polícia, sob pena de fazer ruir todo o avanço realizado até hoje no combate a criminalidade.

8. PRINCÍPIOS CONSTITUCIONAIS À LUZ DA PEC 430/09.

A Constituição Federal, como destaca Alexandre de Moraes (2006), preceitua que a segurança pública, dever do Estado, direito e responsabilidade de todos, é exercida para a preservação da ordem pública e da incolumidade das pessoas e do patrimônio, sem, contudo, reprimir-se abusiva e inconstitucionalmente a livre manifestação de pensamento, por meio dos órgãos constantes do artigo 144 do mesmo Codex.

Da mesma forma, a Carta da República, a fim de guardar valores fundamentais à ordem jurídica, prevê os chamados princípios constitucionais que tem por base nortear a boa interpretação da CF, servido como diretriz para qualquer atividade interpretativa.

Nesse sentido, as normas jurídicas dividem-se em basicamente duas vertentes, as denominadas regras – que subdividem-se em regras de estrutura e de comportamento –, bem como os já mencionados princípios que, como nos ensina Ana Flavia Messa, dividem-se em "(1) princípios fundamentais, que contem decisões políticas estruturais do Estado; (2) princípios constitucionais gerais, constituindo especificações dos anteriores e (3) princípios setoriais ou especiais, destinados a presidir um conjunto específico de normas constitucionais, representando, por sua vez, uma especificação dos princípios constitucionais gerais".

E, demonstrando uma maior distinção entre regras e princípios, continua a festejada doutrinadora:

"Podemos apontar os seguintes critérios de distinção entre regra e princípio:

a) Especificidade: os princípios regulam várias situações; as regras regulam situações determinadas;

b) Determinação: os princípios não geram direitos subjetivos; as regras geram direitos subjetivos;

c) Abstração: os princípios possuem conteúdo vago; as regras, conteúdo preciso;

d) Normogenética: os princípios são a fonte da norma;

e) Fundamentalidade: os princípios possuem hierarquia superior, pelo seu papel estruturante".

f) Lógico: o conflito entre regras é resolvido pelos critérios cronológico ou especialidade ou hierárquico; já o conflito entre princípios é resolvido pelo critério de ponderação de interesses, prevalecendo o que for mais relevante para a sociedade (mandados de otimização)".

Pois bem, estando bem definido o conceito de princípios, temos de forma aclarada que a Proposta de Emenda à Constituição de nº 430/09 e seus apensos, caso venha a ser aprovada, irá ferir de morte determinados princípios constitucionais insculpidos em nossa Carta Cidadã.

Senão vejamos:

Recebendo o *status* de princípio basilar, o Estado Democrático de Direito, tem como objetivos principais a garantia da superioridade da Lei, bem como do reconhecimento de direitos e garantias fundamentais. Pois bem, é certo que a aprovação da Proposta de Emenda à Constituição em debate tem como resultado criação da Polícia dos Estados, desmilitarizada e com carreira única.

Desta feita, é certo que sua aprovação irá retirar, sumariamente, milhares de homens e mulheres pertencentes aos quadros das forças auxiliares do Exército Brasileiro, uma vez que, a figura do Policial Militar, o qual é considerado força auxiliar do EB, deixará de existir, colocando, desta forma, em risco tanto o Estado Democrático de Direito, quanto o princípio relativo a Soberania nacional, uma vez que o País teria seu contingente de defesa extremamente reduzido, restando *à mercê* de forças estrangeiras e marginalizadas.

Não bastasse o já apresentado, outro ponto de suma importância, e que deve ser abordado, refere-se aos princípios inerentes aos valores sociais do trabalho e da livre iniciativa. Ora, é certo que a Constituição da República, ao mencionar a relação empregatícia, reitera a necessidade de sua realização uma vez que é responsável pela sobrevivência do cidadão, pelo crescimento da economia Pátria, bem como é considerado o fato gerador de riquezas.

Nesse sentido, sendo garantido ao empregado a livre escolha do ofício que melhor lhe aprouver, a efetiva aprovação da PEC 430/09 irá extinguir a figura tanto do Policial Militar, quanto do Policial Civil. Desta forma, estará violando de sobremaneira a garantia constitucional a livre escolha de profissões, uma vez que o policial, após ser aprovado em determinado certame público e, consequentemente, em determinada linha de atuação policial será obrigado a adaptar-se ao novo modelo de Polícia apresentado sob pena de ser obrigado a largar o funcionarismo público.

Como corolário, salta aos olhos que tais violações irão diretamente atingir a garantia constitucional ao princípio da Dignidade da Pessoa Humana, direito fundamental previsto na Carta da República, que prevê a qualidade moral inerente ao ser humano, assemelhando-se ao respeito próprio, levando, desta forma, ao devido conceito público.

Com isso, resta evidente que a violação do princípio relacionado ao Estado Democrático de Direito e, principalmente, ao princípio que rege os valores sociais do trabalho e a livre iniciativa, irá acarretar na imediata violação do respeito próprio que acoberta ao Policial, sua plena felicidade, seu direito à livre escolha empregatícia, bem como a sua imagem perante a sociedade como um todo.

9. CONCLUSÃO

O atual e caótico quadro apresentado pela Segurança Pública não só no Estado de São Paulo, mas no País como um todo, se revela uma temática de suma importância e merece ser exaustivamente discutida e reinventada.

Apesar de opiniões contrárias, a divisão policial regida pelo artigo 144 da Constituição Federal é funcional e de vital importância para garantia da Ordem Pública nacional.

No que tange a militarização das Polícias, atualmente personificada nas Polícias Militares, esta se mostra extremamente salutar ao bom controle de seus integrantes, uma vez que, qualquer desvio de conduta pode ser imediatamente repreendido por meio de uma prisão disciplinar. Esta prisão disciplinar deve ser efetuada tanto por qualquer PM hierarquicamente superior ao transgressor, tanto quanto pelo Oficial da Corregedoria da PM em plantão no momento da ocorrência.

Desta forma, resta claro que, sob nenhuma ótica, a PEC 430/09 merece acolhimento por parte do Plenário da Câmara e do Senado.

Senão vejamos, é certo que seu ponto principal refere-se a unificação das Polícias, com a consequente criação da denominada "Polícia dos Estados e do Distrito Federal e dos Territórios", objetivando a consequente extinção das Polícias Militares e Civis dos Estados.

Tal proposta levará, sem dúvidas, ao colapso na Segurança Pública, uma vez que trata-se de uma unificação impraticável do ponto de vista estrutural, uma vez que as carreiras de ambas as corporações em nada se assemelham e, inviável, do ponto de vista técnico-policial, uma vez que dará vazão a arbitrariedades.

Conforme demonstrado, o Policiamento ostensivo e preventivo merece maior cuidado no que se refere ao seu controle por parte da cúpula da corporação, uma vez que por ser o protagonista de qualquer ocorrência que envolva um chamado de emergência e/ou abordagem preventiva, tem em suas mãos um elevado poder decisório que poderá utilizado tanto com vistas à Justiça quanto para favorecer a criminalidade.

Conforme demonstrado, à PEC 430/09 encontram-se apensadas outras Propostas que visam não somente a unificação das polícias, mas como também a implantação do chamado Ciclo Completo de Polícia, outra falha legislativa.

Por certo, que a aplicação do Ciclo Completo de Polícia se revela um grave erro que poderá causar consequências inimagináveis, uma vez que, a concentração de poder em uma única força dará ensejo a abusos e arbitrariedades.

A atuação da PM se mostra como medida de rigor para prevenção a criminalidade, uma vez que é responsável por inúmeras prisões e apreensões de ilícitos, tal resultado só é possível uma vez que possui dedicação exclusiva ao policiamento ostensivo e preventivo, não se ocupando de atividades inerentes à Polícia Judiciária.

É inimaginável que um Policial Militar, que não ostenta carreira jurídica, possa vir a exercer o papel de Polícia Judiciária em todos os seus aspectos. Tal atribuição, que será exercida por pessoa não habilitada a esse fim, resultará em erros que irão pôr em xeque o bem maior do Ser Humano, sua liberdade.

Cada corporação possui experiência e especialização em determinada área, seja de Polícia Judiciária ou Preventiva, devendo, desta forma, continuar a desempenhar seu *mister* com a mesma excelência que o vem fazendo ao longo dos anos.

Em que pese o louvável intento do Exmo. Deputado Celso Russomano e de tantos outros que apoiam a aplicação da unificação das polícias e/ou a implantação do Ciclo Completo de Polícia, tais propostas não podem subsistir no cenário policial brasileiro.

A liberdade e garantias individuais não podem ser levadas, como pretendem os Exmos. Proponentes, a experimentos sociais que são propostos sem qualquer pesquisa prévia e embasamento jurídico.